Impressum
Verlag: BABADADA GmbH, Nedderfeld 112 , 22529 Hamburg
Geschäftsführer / Verlagsleitung: Harald Hof
Druck: Books on Demand GmbH, In de Tarpen 42, 22848 Norderstedt

Imprint
Publisher: BABADADA GmbH, Nedderfeld 112 , 22529 Hamburg, Germany
Managing Director / Publishing direction: Harald Hof
Print: Books on Demand GmbH, In de Tarpen 42, 22848 Norderstedt

除
bölmek

186/2

黑板
tagta

教室
synp otagy

校園
mekdep howlusy

老師
mugallym

紙
kagyz

書寫
ýazmak

筆
ruçka

辦公桌
ýazuw stoly

直尺
çyzgyç

書
kitap

學生
okuwçy

書包

ranes

鉛筆盒

penal

鉛筆

galam

削鉛筆機

galam artylýan

橡皮擦

bozguç

畫板

surat çekmek üçin albom

圖畫
surat

畫筆
çotgajyk

顏料盒
reňkli guty

剪刀
gaýçy

膠水
ýelim

練習冊
depder

家庭作業
öý işi

12

數字
san

2+2

加
goşmak

5-2

減
aýyrmak

2×2

乘
köpeltmek

計算
hasaplamak

A

字母
harp

ABCDEFG
HIJKLMN
OPQRSTU
VWXYZ

字母表
elipbiý

hello

字
söz

課文

tekst

讀

okamak

粉筆

hek

上課

sapak

登記

synp dergisi

考試

synag

證書

diplom

校服

mekdep lybasy

教育

bilim

百科全書

ensiklopediýa

大學

uniwersitet

顯微鏡

mikroskop

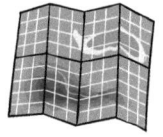

地圖

karta

廢紙簍

kagyz üçin sebet

旅行

syýahat

飯店
myhmanhana
Grand
青年旅社
syýahatçylyk bazasy
外幣兌換處
walýuta çalyşmak üçin bent
手提箱
çemedan
汽車
awtomobil

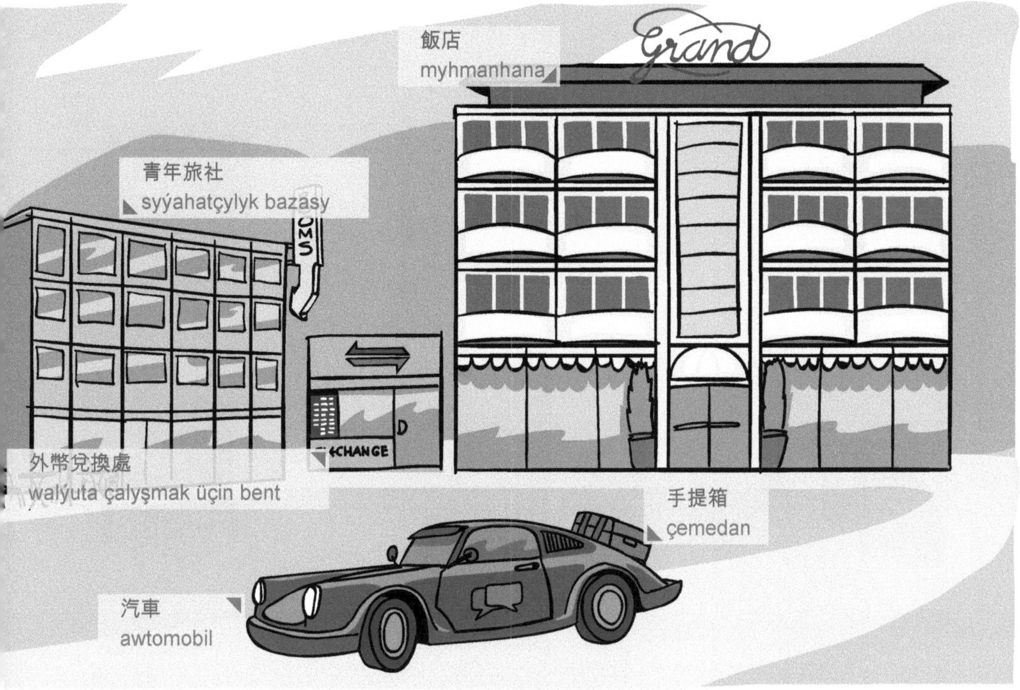

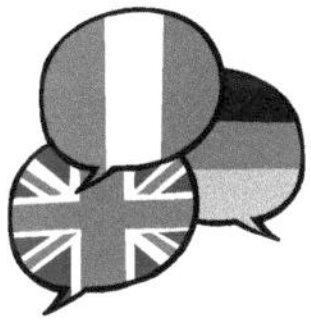

語言

dil

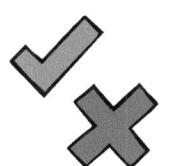

是/否

hawwa / ýok

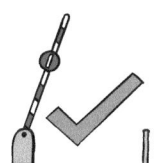

好的

bolýa

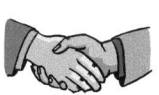

您好

salam

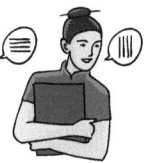

翻譯人員

terjimeçi

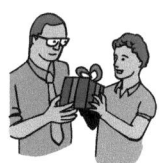

謝謝

Minnetdar

……多少錢？

bahasy näçe?

我不明白

men düşünmeýärin

問題

mesele

晚上好！

Agşamyňyz haýyr!

早上好！

Ertiriňiz haýyrly!

晚安！

Gijäňiz rahat bolsun!

再見

görüşýänçäk

方向

ugur

行李

ýük

包

torba

背包

eginden asylýan torba

客人

myhman

房間

otag

睡袋

halta ýorgan

帳篷

çadyr

旅行資訊
syýahatçylyk maglumaty

海灘
kenarýaka

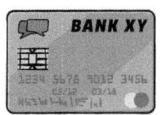

信用卡
karz karty

早餐
ertirlik

午餐
günortanlyk

晚餐
agşamlyk

票
petek

電梯
lift

郵票
poçta markasy

邊界
çäk

海關
gümrük

大使館
ilçihana

簽證
wiza

護照
pasport

交通運送

ulag

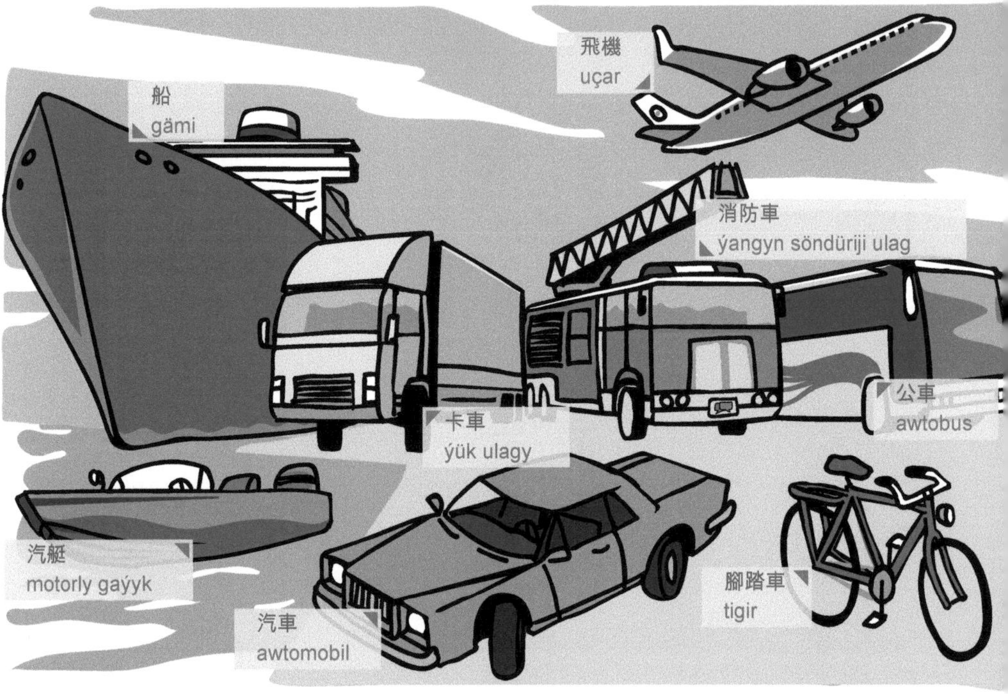

飛機
uçar
船
gämi
消防車
ýangyn söndüriji ulag
公車
awtobus
卡車
ýük ulagy
汽艇
motorly gaýyk
腳踏車
tigir
汽車
awtomobil

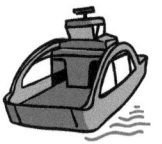

渡輪

parom

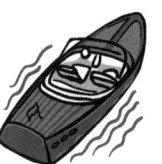

小船

gaýyk

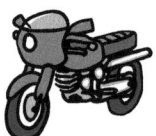

機車

motosikl

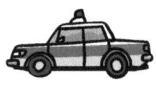

警車

polisiýa ulagy

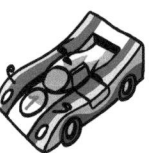

賽車

çapyşyk

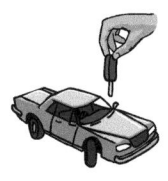

租車

kärendä alnan ulga

拼車

ulagy bilelikde ulanmak

拖車

tirkeg ulagy

垃圾車

zir-zibil daşaýan ulag

馬達

hereketlendiriji

汽油

ýangyç

加油站

guýma

交通標識

ýol belgisi

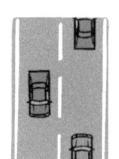

交通

hereket

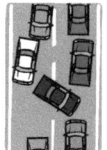

交通堵塞

dyky

停車場

awtoduralga

火車站

menzil

軌道

seplem

火車

otly

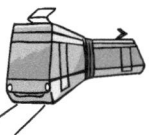

路面電車

tramwaý

客車廂

wagon

直升機

dik uçar

機場

howa menzili

塔

minara

乘客

ýolagçy

集裝箱

konteýner

紙板箱

guty

手推車

araba

籃子

sebet

起飛/降落

uçmak / gonmak

城市

şäher

村莊

oba

市中心

şäher merkezi

房子

öý

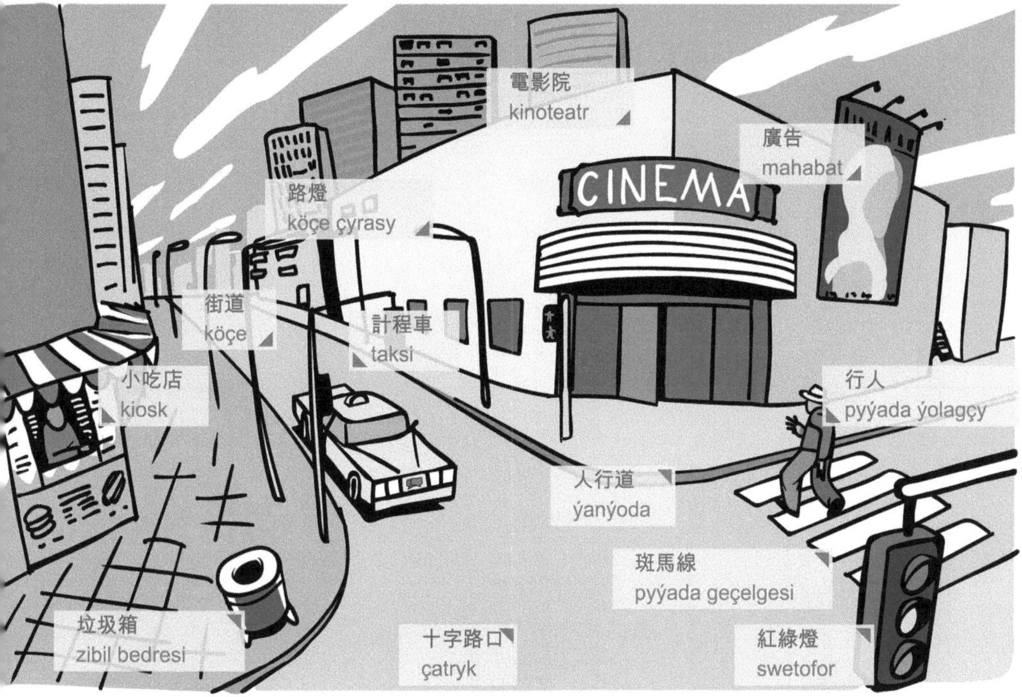
電影院
kinoteatr
CINEMA
廣告
mahabat
路燈
köçe çyrasy
街道
köçe
計程車
taksi
小吃店
kiosk
行人
pyýada ýolagçy
人行道
ýanýoda
斑馬線
pyýada geçelgesi
垃圾箱
zibil bedresi
十字路口
çatryk
紅綠燈
swetofor

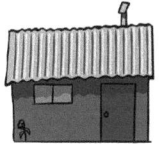

小屋

kepbe

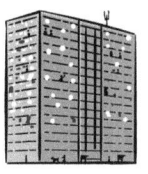

公寓

öý

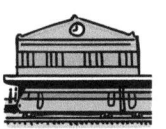

火車站

menzil

市政廳

şäher häkimligi

MUSEUM

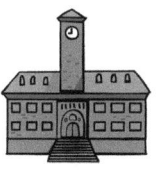

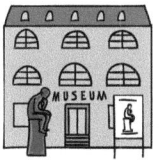

博物館

muzeý

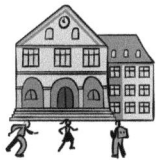

學校

mekdep

大學
uniwersitet

銀行
bank

醫院
hassahana

飯店
myhmanhana

藥房
dermanhana

辦公室
ofis

書店
kitap dükany

商店
dükan

花店
gül dükany

超市
supermarket

市場
bazar

百貨商店
uniwermag

魚店
balyk söwdagäri

購物中心
söwda merkezi

海港
port

公園
park

長凳
oturgyç

橋
köpri

樓梯
merdiwan

捷運
metro

隧道
ötük

公車站
awtobus

酒吧
bar

餐館
restoran

郵筒
poçta gutusy

路標
köçäni adyny görkezýän
ýazgy

停車計時器
parkometr

動物園
haýwanat bagy

游泳池
basseýn

清真寺
metjit

農場

ferma

污染

daşky gurşawyň
hapalanmagy

基地

gonamçylyk

教堂

buthana

操場

çaga meýdançasy

寺廟

ybadathana

地形

landşaft

樹葉
ýaprak

指示牌
ýol görkeziji

路
ýol

草地
ýaýla

石頭
daş

樹
agaç

徒步旅行者
syýahatçy

河
derýa

草
ot

花
gül

峡谷
dere

丘陵
dag

湖
köl

森林
tokaý

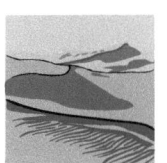

沙漠
çöl

火山
wulkan

城堡
gulp

彩虹
älemgoşar

蘑菇
kömelek

棕櫚樹
palma agajy

蚊子
çybyn

蒼蠅
sinek

螞蟻
garynja

蜜蜂
bal arysy

蜘蛛
möý

甲蟲
tomzak

青蛙
gurbaga

松鼠
awusiýdik

刺蝟
kirpi

野兔
towşan

貓頭鷹
baýguş

鳥
guş

天鵝
guw

野豬
ýekegapan

鹿
sugun

麋鹿
los

水壩
bent

風力發電機
şemal generatory

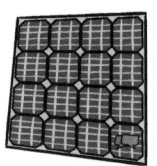

太陽能電池板
gün batareýasy

氣候
howa

餐館

restoran

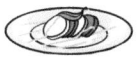

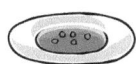

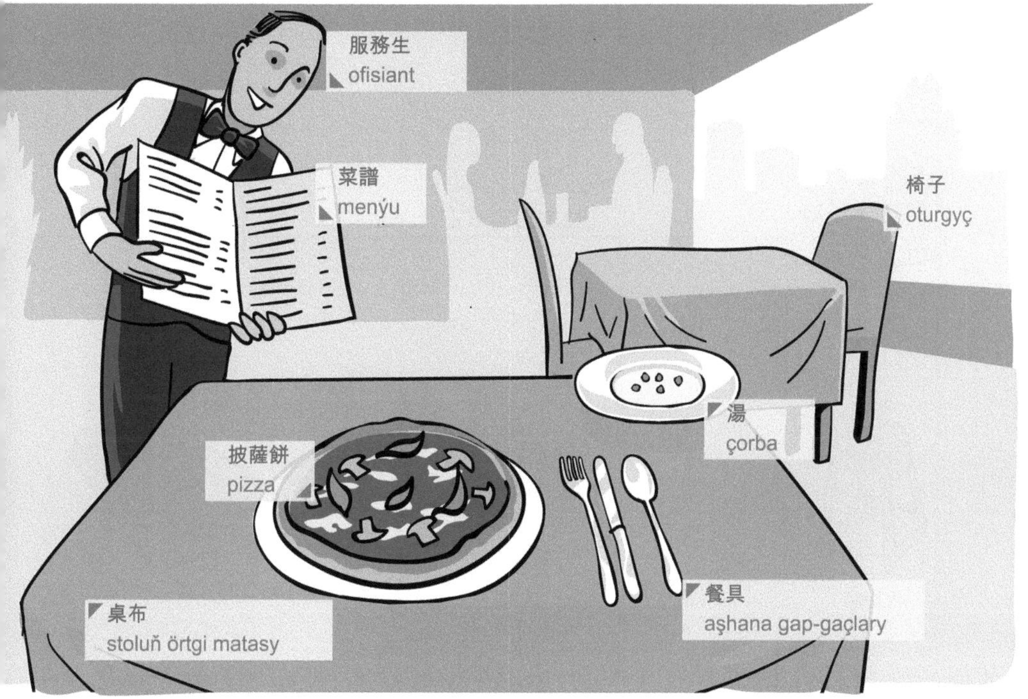

服務生
ofisiant
菜譜
menýu
椅子
oturgyç
湯
çorba
披薩餅
pizza
桌布
stoluň örtgi matasy
餐具
aşhana gap-gaçlary

前菜

garbanma

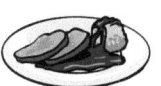

主菜

esasy tagam

甜點

süýjülik

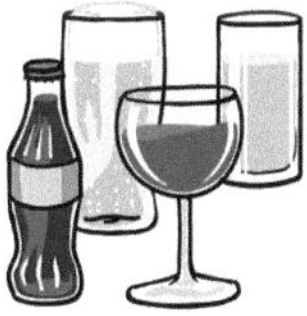

飲料

içgiler

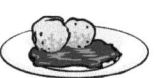

食物

nahar

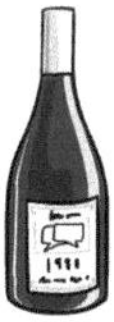

瓶子

süýşe

速食
tiz tagam

街邊小吃
köçe iýmiti

茶壺
çäýnek, kitir

糖盒
şeker gaby

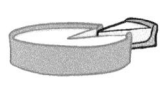

一份飯菜
porsiýa

義式咖啡機
kofe gaýnadyjy

高腳椅
çaga oturgyjy

帳單
hasap

托盤
mejme

刀
pyçak

餐叉
çarşak

勺子
çemçe

茶匙
çaý çemçesi

餐巾
salfetka

玻璃杯
bulgur

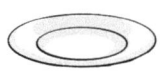

碟子

tarelka

湯盤

çorba tarelkasy

碟子

tabajyk

醬

sous

鹽瓶

duz gaby

胡椒研磨罐

burçy üweýji

醋

sirke

食用油

ýag

調味料

huruş

番茄醬

ketçup

芥末

gorçisa

美乃滋

maýonez

超市

supermarket

特價
ýörite teklip
FOR
顧客
alyjy
乳製品
süýt önümleri
水果
miweler
購物車
satyn alnan zatlar üçin araba

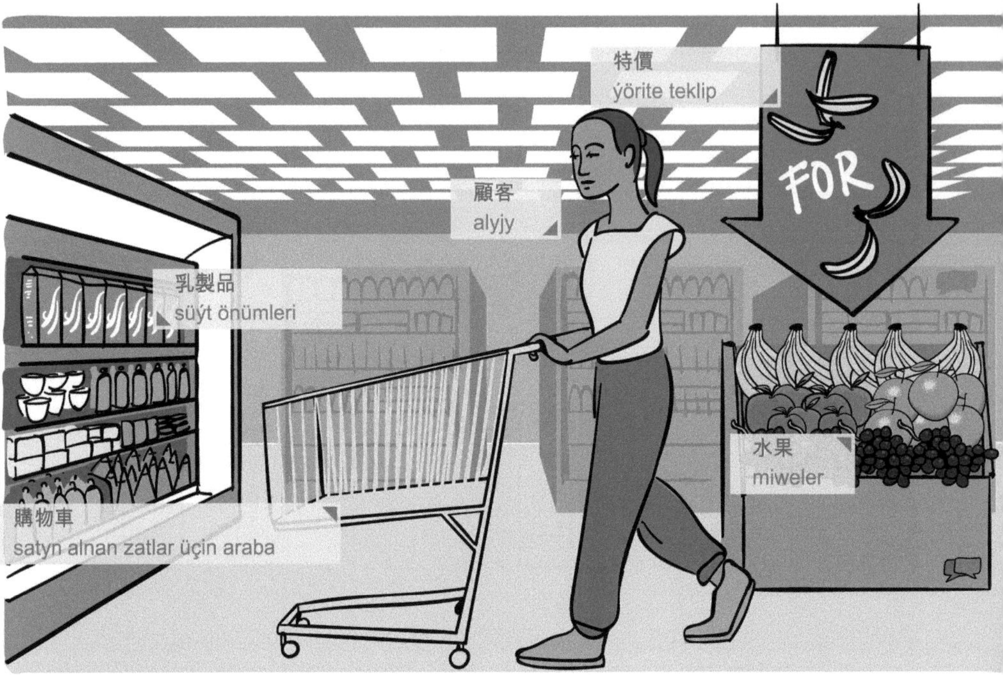

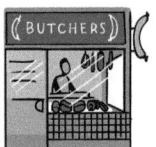

BUTCHERS

肉鋪

et dükany

BAKERY

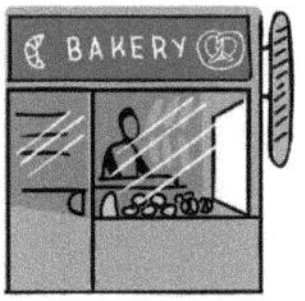

麵包店

çörek kärhanasy

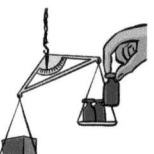

稱重

ölçemek

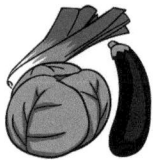

蔬菜

gök önümler

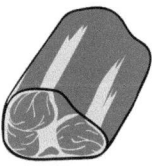

肉

et

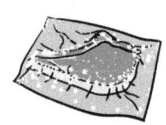

冷凍食品

tiz doňýan önümler

冷盤

kesme

罐頭食品

konserwirlenen önümler

洗衣粉

kir ýuwujy toz

甜食

süýjülikler

日用品

öýde ulanylýan zat

清潔用品

ýuwujy serişde

銷售員

satyjy aýal

收銀機

kassa

收銀員

pulhanaçy

購物清單

satyn alynmaly zatlar

開放時間

iş wagty

錢包

gapjyk

信用卡

karz karty

袋子

sumka

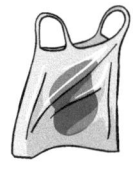

塑膠袋

polietilen paket

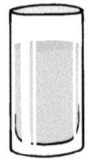

水

suw

果汁

şire

牛奶

süýt

可樂

koka-kola

紅酒

wino

啤酒

piwo

酒

alkogol

可可

kakao

茶

çaý

咖啡

kofe

義式濃縮咖啡

espresso

卡布奇諾

kapuçino

香蕉

banan

蘋果

alma

柳丁

pyrtykal

西瓜

garpyz

檸檬

limon

胡蘿蔔

käşir

大蒜

sarymsak

竹子

bambuk

洋蔥

sogan

蘑菇

kömelek

堅果

hoz

麵條

un aş

義大利麵
spagetti

米飯
tüwi

沙拉
işdäaçar

薯條
gowurylan ýer alma

炸馬鈴薯
gowurylan ýer alma

披薩餅
pizza

漢堡
gamburger

三明治
sendwiç

炸豬排
üweme

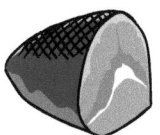

火腿
wetçina

義大利臘腸
salýami

香腸
şöhlat

雞肉
towuk

烤肉
gowrulyp taýýarlanýan
nahar

魚
balyk

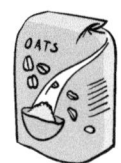

燕麥片

süle patragy

木斯里

mýusli

玉米片

mekgejöwen patragy

麵粉

un

牛角麵包

kruassan

麵包捲

bulka

麵包

çörek

吐司

tost

餅乾

köke

奶油

ýag

凝乳

dorog

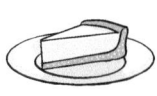

蛋糕

pirog

蛋

ýumurtga

煎蛋

heýgenek

起司

peýnir

冰淇淋

doňdurma

糖

şeker

蜂蜜

bal

果醬

marmelad

巧克力醬

nogully krem

咖哩

karri

農舍
daýhan öýi

稻草捆
saman daňysy

糧倉
saraý

田野
meýdan

馬
at

拖車
tirkeg

馬駒
taýçanak

拖拉機
traktor

驢
eşek

羔羊
guzy

羊
urkaçy goýun

山羊
geçi

奶牛
sygyr

小牛
göle

豬
doňuz

小豬
jojuk

公牛
öküz

鵝

gaz

鴨

ördek

小雞

jüýje

母雞

towuk

公雞

horaz

鼠

alaka

貓

pişik

老鼠

syçan

牛

öküz

狗

it

狗屋

it ýatagy

花園澆水軟管

bag şlangy

澆水壺

guýgyç

長柄大鐮刀

orak

犁

azal

鐮刀
orak

鋤頭
kätmen

長柄草耙
dökün çarşagy

斧頭
palta

獨輪手推車
galtak

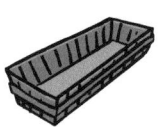

飼料槽
kersen

牛奶罐
süýt üçin tüññür

麻布袋
halta

柵欄
haýat

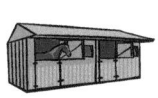

馬廄
çörek

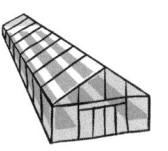

溫室
ýyladyşhana

土壤
toprak

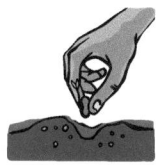

種子
ekin

肥料
dökün

聯合收割機
kombaýn

收割
hasyl ýygnamak

收割
galla

地瓜
ýams

小麥
bugdaý

大豆
soýa

土豆
ýeralma

玉米
mekgejöwen

油菜籽
raps

果樹
miwe agajy

樹薯
manioka

穀物
däneli ösümlikler

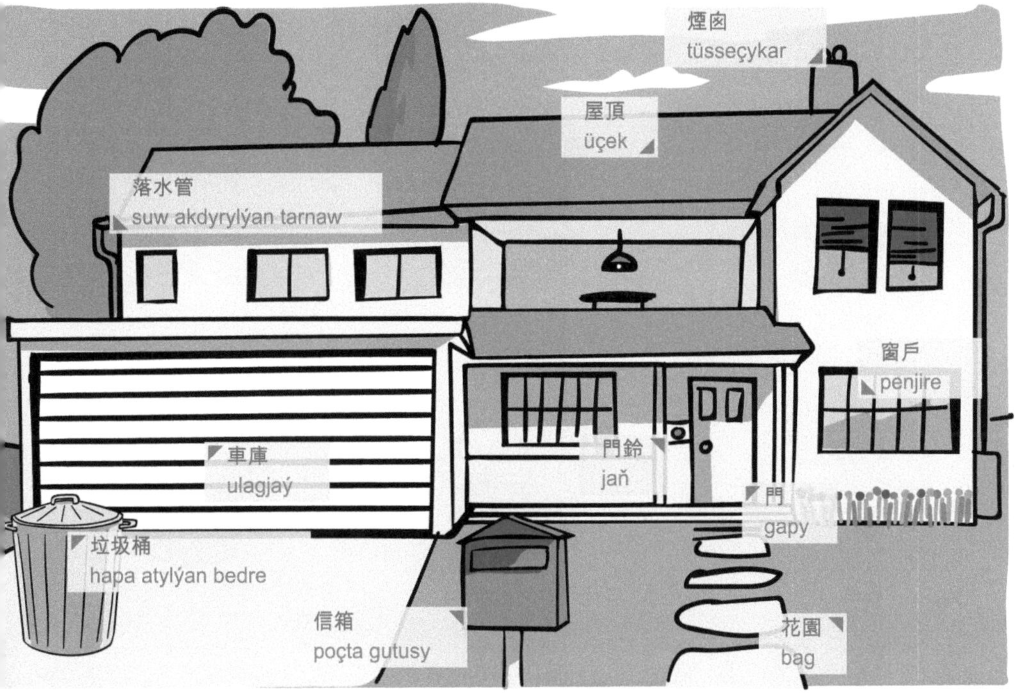

煙囱
tüsseçykar

屋頂
üçek

落水管
suw akdyrylýan tarnaw

窗戶
penjire

車庫
ulagjaý

門鈴
jaň

門
gapy

垃圾桶
hapa atylýan bedre

信箱
poçta gutusy

花園
bag

客廳

myhman otagy

浴室

wanna otagy

廚房

aşhana

臥室

ýatalga otagy

兒童房

çaga otagy

餐廳

naharhana

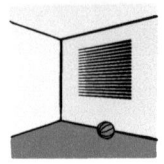

地板
pol

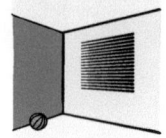

牆壁
diwar

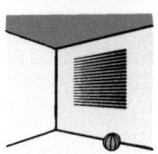

天花板
potolok

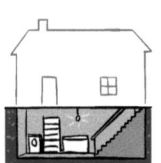

地窖
ýerzemin

三溫暖
hamam

陽臺
balkon

露臺
eýwan

游泳池
howdan

割草機
gazon orujy

被單
ýorgan daşlygy

床罩
örtgi

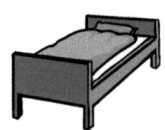

床
ýatakça

掃帚
sübse

水桶
bedre

開關
öçüriji

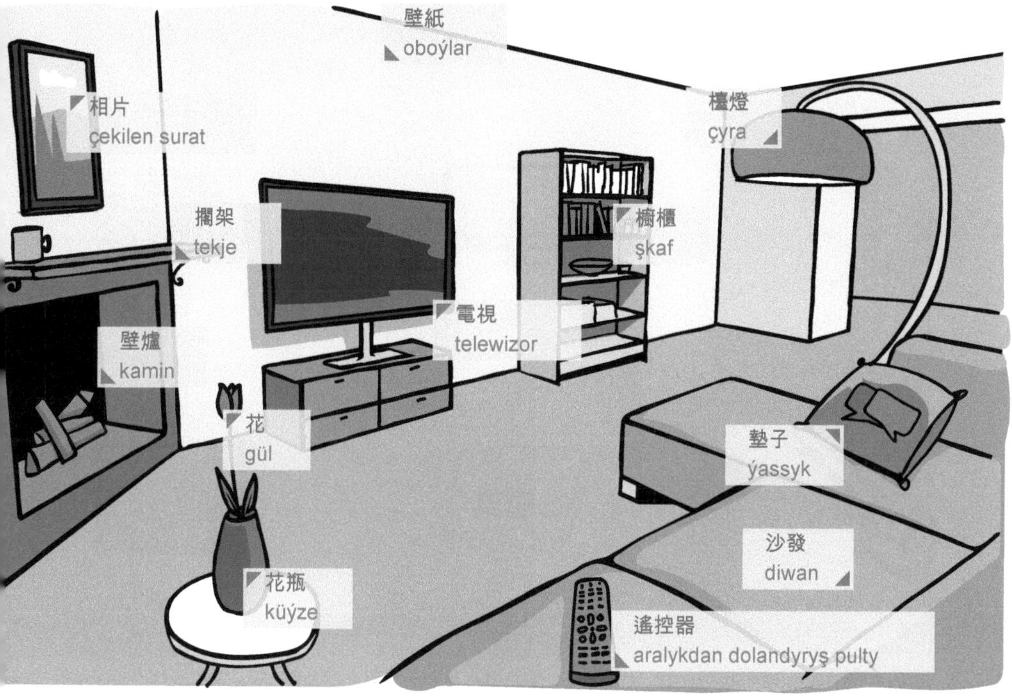

壁紙
oboýlar

相片
çekilen surat

櫃燈
çyra

擱架
tekje

櫥櫃
şkaf

壁爐
kamin

電視
telewizor

花
gül

墊子
ýassyk

沙發
diwan

花瓶
küýze

遙控器
aralykdan dolandyryş pulty

地毯
haly

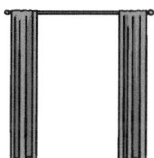

窗簾
tuty

餐桌
stol

椅子
oturgyç

搖椅
öňe-yza gaýdýan kürsi

扶手椅
kürsi

書
kitap

毯子
örtgi

裝飾品
bezeg

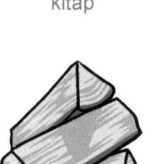

木柴
odun

電影
film

高傳真音響
stereo ulgam

鑰匙
açar

報紙
gazet

油畫
surat

海報
ündewsurat

收音機
radio

筆記本
bloknot

吸塵器
tozan sorujy

仙人掌
kaktus

蠟燭
şem

廚房

aşhana

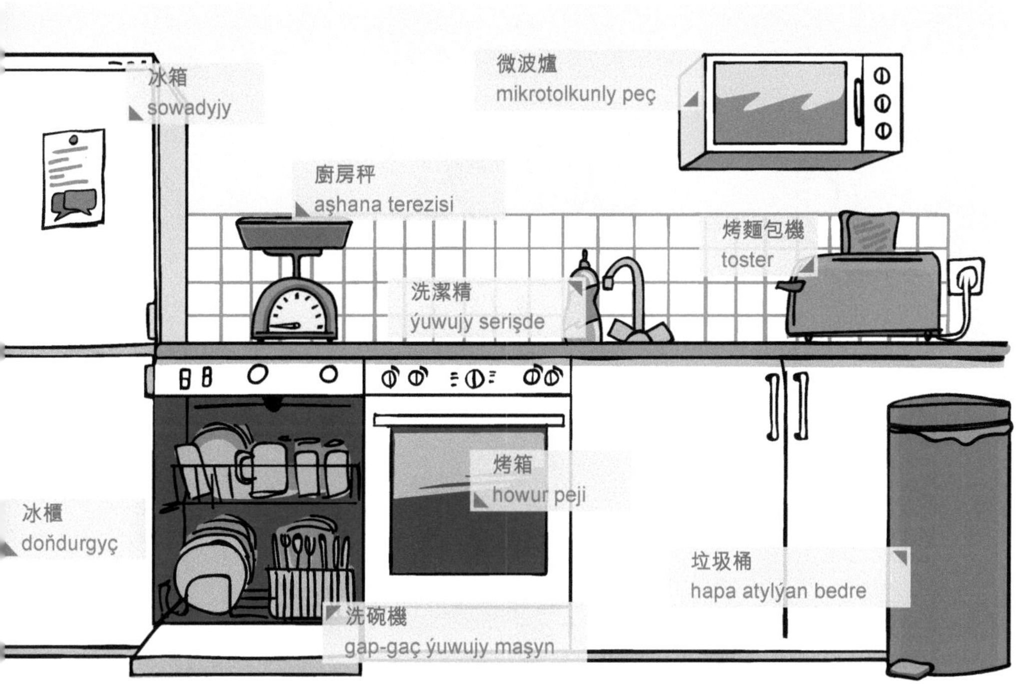
冰箱
sowadyjy
微波爐
mikrotolkunly peç
廚房秤
aşhana terezisi
烤麵包機
toster
洗潔精
ýuwujy serişde
烤箱
howur peji
冰櫃
doňdurgyç
垃圾桶
hapa atylýan bedre
洗碗機
gap-gaç ýuwujy maşyn

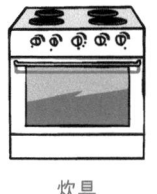

炊具

plita

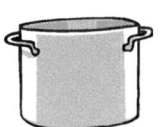

鍋

piti

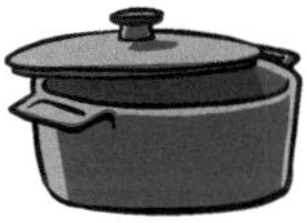

鑄鐵鍋

çoýun gazany

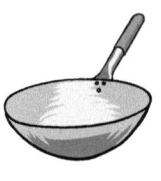

炒鍋

wok / kadaý

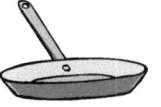

平底鍋

saç

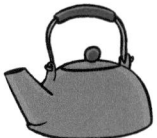

水壺

çäýnek, kitir

蒸鍋

bugda bişiriji

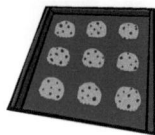

烤盤

protiwen

陶瓷鍋

gap-gaç

馬克杯

kürşge

碗

jam

筷子

nahar iýilýän taýajyklar

長柄勺

susak

鏟子

piljagaz

攪拌器

ýaýylýan maşyn

濾網

elek

篩子

elek

磨碎機

gyrgyç

研缽

soky

燒烤

gril

明火

ot

菜板

tagta

擀麵杖

oklaw

開瓶器

ştopor

罐子

tüneke banka

開罐器

konserwa pyçagy

隔熱手套

tutguç

水槽

rakowina

刷子

çotga

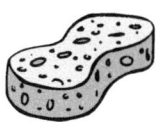

海綿

gubka

攪拌機

mikser

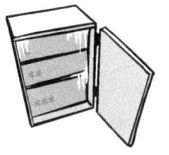

冷藏箱

doňdurma kamerasy

奶瓶

çagany iýmitlendirmek üçin çüýşejik

水龍頭

kran

浴室

wanna otagy

供暖裝置
ýyladyş
毛巾
süpürgiç
淋浴
duş
浴簾
duş üçin tuty
泡沫浴
köpürjikli wanna
浴缸
wanna
玻璃杯
bulgur
洗衣機
kir ýuwulýan maşyn
水龍頭
kran
瓷磚
plitka
便壺
küýze
水槽
rakowina

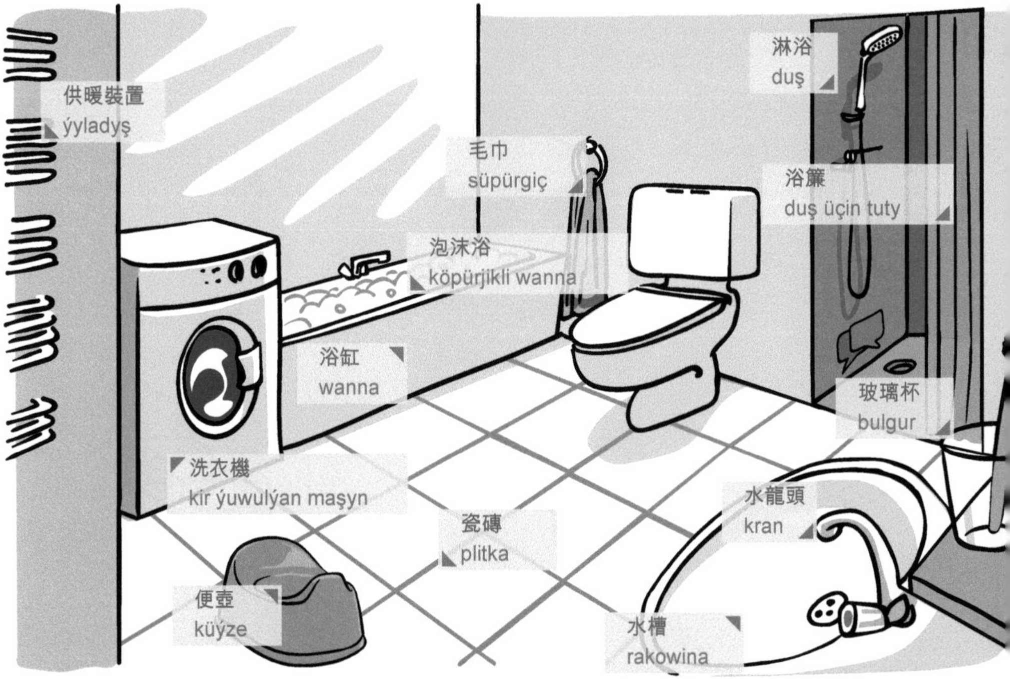

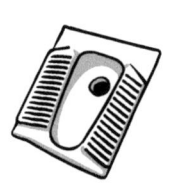

廁所

hajathana

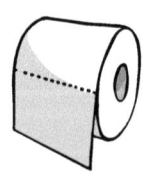

蹲便器

polda oturdylýan unitaz

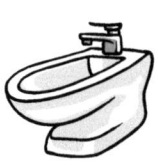

坐浴器

bide

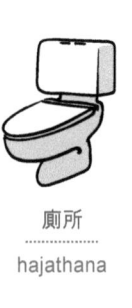

小便斗

pissuar

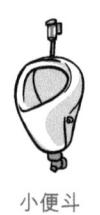

廁紙

hajathana kagyzy

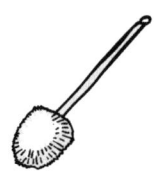

馬桶刷

hajathana çotgasy

牙刷

diş çotgasy

牙膏

diş pastasy

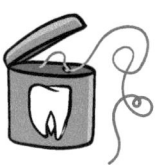

牙線

diş sapagy

洗

ýuwmak

手持式蓮蓬頭

el duşy

沖洗器

şahsy duş

洗臉盆

legen

洗背刷

arka üçin çotga

肥皂

sabyn

沐浴露

duş üçin gel

洗髮乳

şampun

法蘭絨

moçalka

排水

akyş

乳霜

krem

除臭劑

dezodorant

鏡子

aýna

手鏡

el aýnasy

刮鬍刀

päki

刮鬍泡沫

sakgal syrmak üçin köpürjik

鬚後水

sakgal syrylanyndan soňky losýon

梳子

darak

刷子

çotga

吹風機

fen

噴髮定型劑

saç üçin lak

化妝品

kosmetika

唇膏

dodaga çalynýan reňk

指甲油

dyrnaga çalynýan reňk

化妝棉

pamyk

指甲剪

manikýur gaýçysy

香水

atyr

洗漱包
kosmetika üçin gutujyk

凳子
oturgyç

計重秤
terezi

浴袍
halat

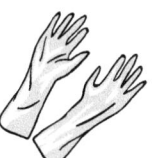

橡膠手套
rezin ellik

衛生棉條
tampon

衛生棉
gigiýena prokladkasy

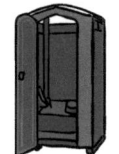

化學廁所
biohajathana

兒童房

çaga otagy

鬧鐘
oýaryjy
毛絨玩具
ýumşak oýnawaç
玩具車
oýnawaç awtoulag
撥浪鼓
şakyrdawukly oýnawaç
玩具屋
gurjak öýi
禮物
sowgat

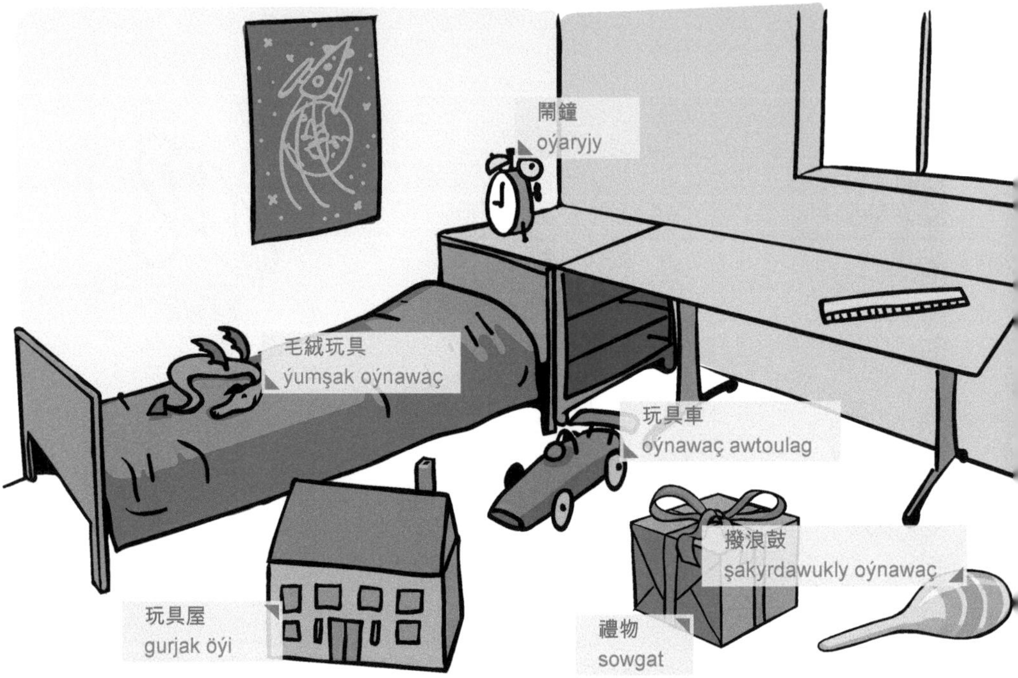

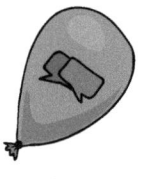

氣球

howaly şar

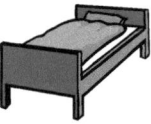

床

ýatakça

嬰兒車

çaga arabasy

撲克牌

kart oýny

拼圖

pazl

SUPER
MEGA

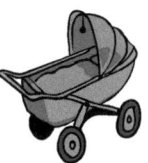

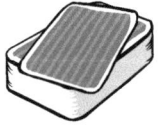

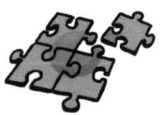

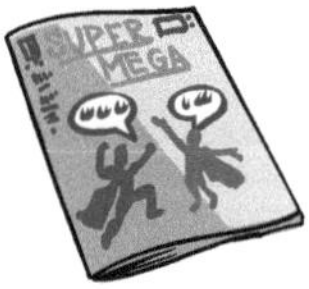

漫畫

komiks

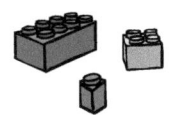

樂高積木

Lego kerpiçleri

積木玩具

kubikler

公仔

oýnawaç şekil

嬰兒服

agalar üçin joraply balak

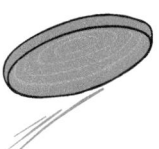

飛盤

frisbi

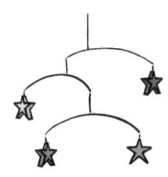

床鈴玩具

mobile

棋盤遊戲

stolüsti oýun

骰子

kubik

火車模型

demir ýolunyň modeli

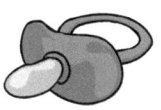

安撫奶嘴

soska

派對

şagalaň

繪本

şekilli kitap

球

top

洋娃娃

gurjak

玩

oýnamak

沙坑

çäge aýmança

鞦韆

hiňňildik

玩具

oýnawaç

電玩遊戲

oýun pristawkasy

三輪車

üç tigirli welosiped

泰迪熊

plýuşadan aýyjyk

衣櫃

egin-eşik üçin şkaf

衣服

egin-eşik

襪子

jorap

長襪

çulki

緊身褲

kolgotka

圍巾
şarf

雨傘
saýawan

T恤
futbolka

皮帶
kemer

靴子
ädik

拖鞋
öý şypbygy

運動鞋
krossowka

涼鞋
sandaliýa

鞋
aýakgap

雨靴
rezin ädik

內褲
türsük

胸罩
göwüslik

背心
maýka

身體

bodi

褲子

jalbar

牛仔褲

jins

短裙

ýubka

女式襯衫

bluzka

襯衫

köýnek

套頭衫

switer

連帽上衣

switer

西裝夾克

sport keltekçesi

夾克

žaket

外套

palto

雨衣

plaş

套裝

kostýum

連衣裙

köýnek

婚紗

toý köýnegi

西裝

erkek üçin kostýum

睡袍

ýatyş köýnegi

睡衣

pižama

莎麗

sari

頭巾

ýaglyk

包頭巾

selle

波卡

perenji

卡夫坦

kaftan

(阿拉伯式)長袍

abaýa

泳衣

suwa düşmek üçin lybas

男式泳褲

plawki

短褲

şorty

運動服

sport lybasy

圍裙

öňlük

手套

ellik

鈕扣

ilik

眼鏡

äýnek

手鏈

bilezik

項鍊

zynjyr

戒指

ýüzük

耳環

syrga

便帽

papak

衣架

geýim asgyç

帽子

şlýapa

領帶

galstuk

拉鍊

syrma

安全帽

şlem

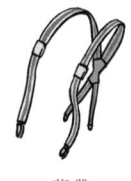

背帶

egnaşyr kemer

校服

mekdep lybasy

制服

lybas

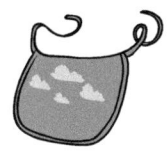

圍兜

çaga döşlügi

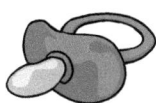

安撫奶嘴

soska

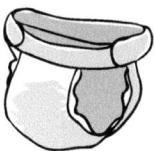

尿布

arlyk

辦公室

ofis

伺服器
serwer
檔案櫃
kanselýariýa şkafy
紙
kagyz
印表機
printer
螢幕
monitor
滑鼠
syçanjyk
辦公桌
ýazuw stoly
資料夾
papka
鍵盤
klawiatura
椅子
oturgyç
廢紙簍
kagyz üçin sebet
電腦
kompýuter

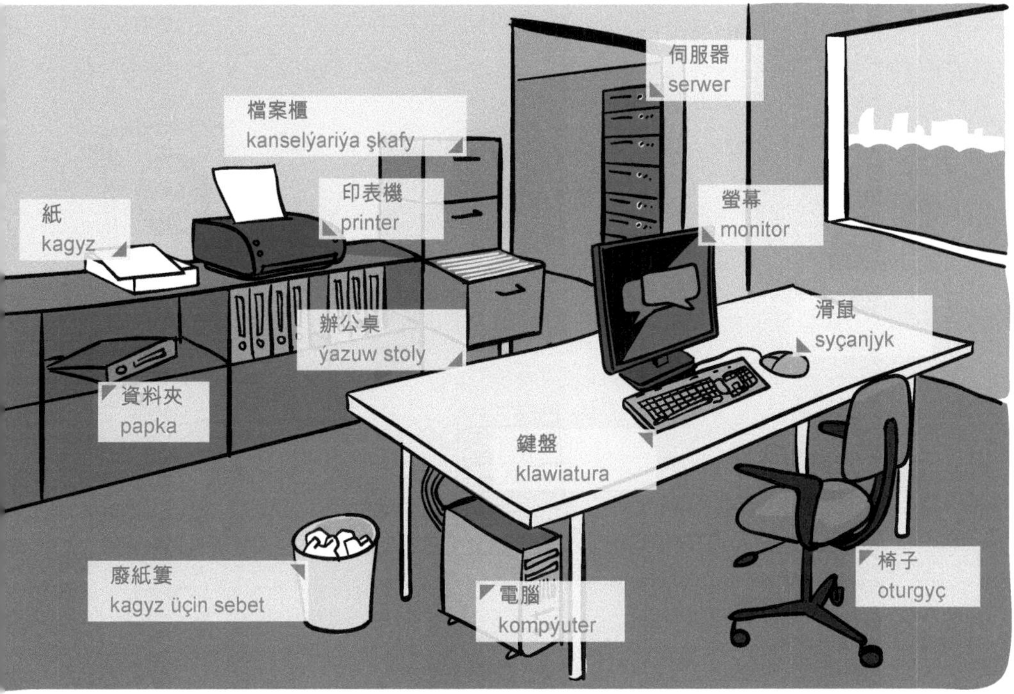

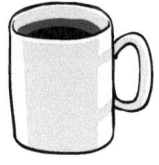

咖啡杯

kofe kružkasy

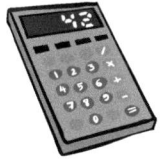

計算機

kalkulýator

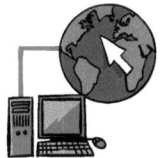

網際網路

internet

筆記型電腦
noutbuk

信件
hat

簡訊
habar

行動電話
öýjükli telefon

網路
tor

影印機
kseroks

軟體
programma

電話
telefon

插座
rozetka

傳真機
faks

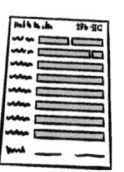

表格
formulýar

檔案
resminama

買

satyn almak

付錢

tölemek

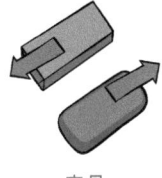

交易

söwda etmek

現金

pul

美元

dollar

歐元

ýewro

日元

iena

盧布

rubl

瑞士法郎

frank

人民幣

ženminbi ýuan

盧比

rupiýa

提款處

bankomat

外幣兌換處

walýuta çalyşmak üçin bent

金

altyn

銀

kümüş

石油

nebit

能源

energiýa

價格

baha

合約

şertnama

稅金

salgyt

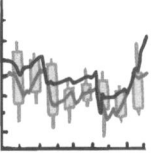

股票

paýnama

工作

işlemek

職員

gullukçy

老闆

iş beriji

工廠

fabrik

商店

dükan

職業
hünärler

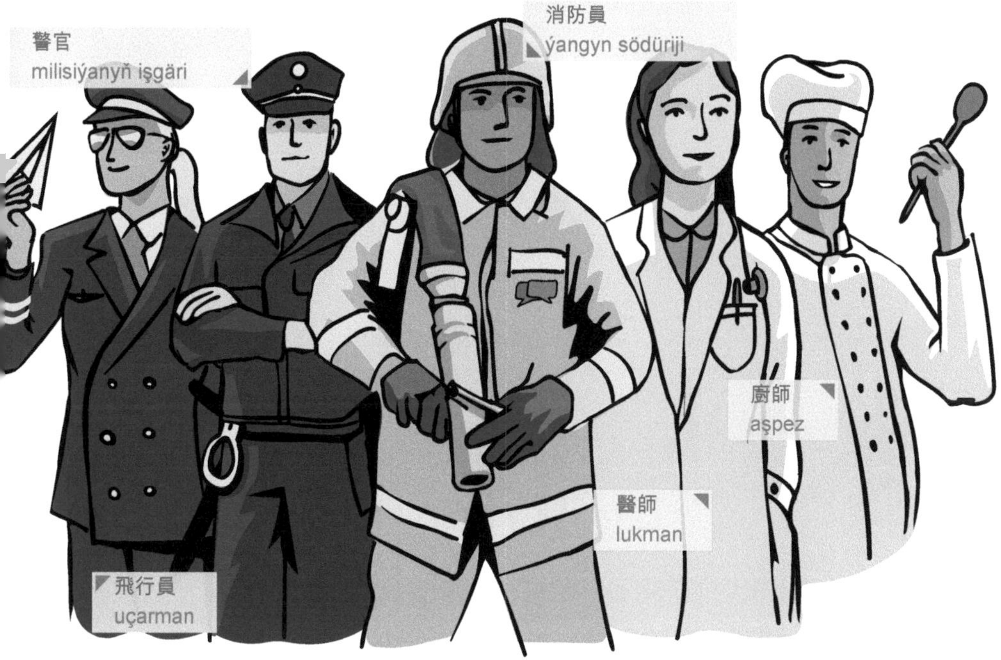
警官
milisiýanyň işgäri
消防員
ýangyn söndüriji
廚師
aşpez
醫師
lukman
飛行員
uçarman

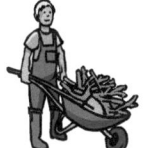

園丁
bagban

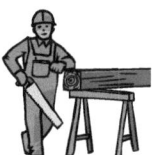

木匠
agaç ussasy

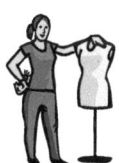

裁縫
tikinçi

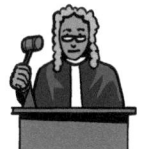

法官
kazy

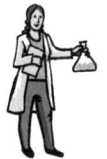

化學家
himik

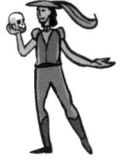

演員
aktýor

公車司機

awtobus sürüjisi

計程車司機

taksiçi

漁夫

balykçy

清洗女工

tam süpüriji

屋頂工

üçek basyrýan ussa

服務生

ofisiant

獵人

awçy

畫家

suratçy

麵包師

çörekçi

電工

elektrik

建築工人

gurluşykçy

工程師

inžener

屠夫

gassap

水管工

santehnik

郵差

hatçy

士兵

esger

建築師

binagär

收銀員

pulhanaçy

花農

floraçy

理髮師

dellekçi

售票員

konduktor

機械技師

mehanik

船長

kapitan

牙醫

diş lukmany

科學家

alym

拉比

rawwin

伊瑪目

imam

和尚

monah

牧師

ruhany

工具
gurallar

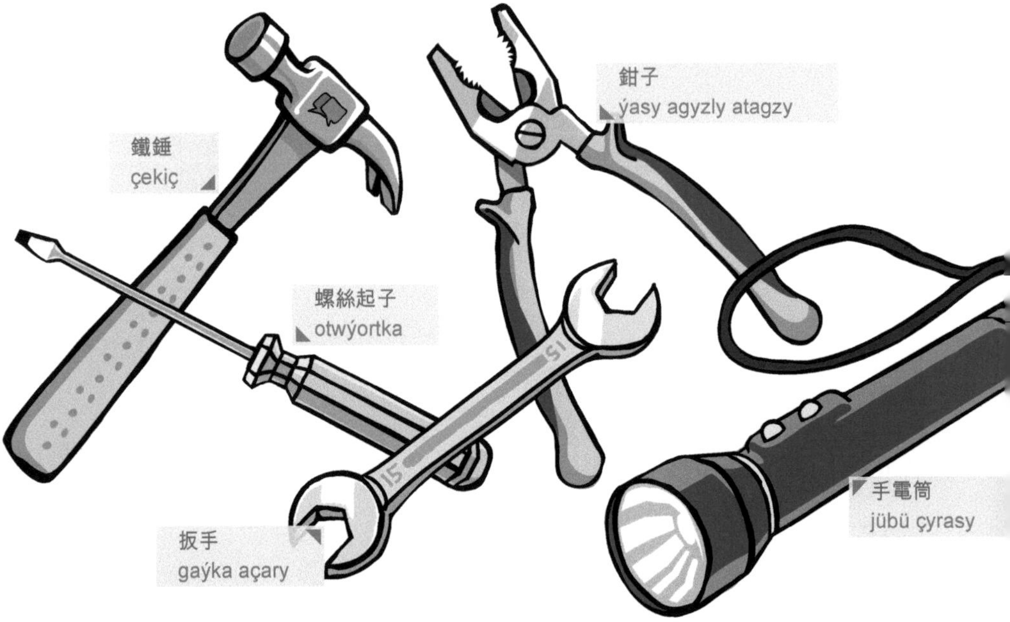
鉗子
ýasy agyzly atagzy
鐵錘
çekiç
螺絲起子
otwýortka
扳手
gaýka açary
手電筒
jübü çyrasy

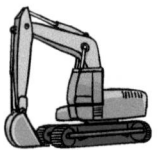

挖掘機
ekskawator

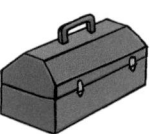

工具箱
gurallar üçin gap

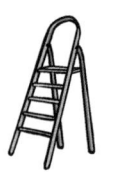

梯子
merdiwan

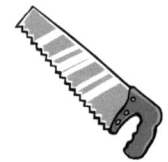

鋸子
byçgy

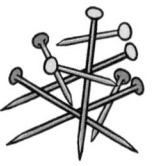

釘子
çüýler

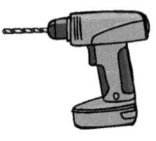

鑽機
drel

修
abatlamak

鏟子
pil

糟糕！
Bolmandyr!

畚箕
susguç

油漆桶
boýagly bedre

螺絲
nurbatlar

樂器

saz gurallary

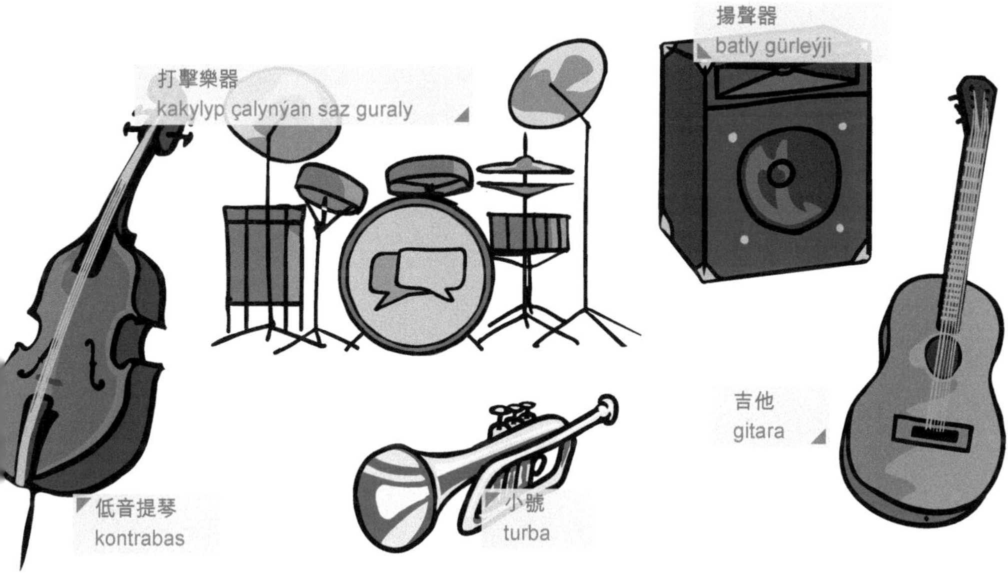

揚聲器
batly gürleýji

打擊樂器
kakylyp çalynýan saz guraly

吉他
gitara

低音提琴
kontrabas

小號
turba

鋼琴

pianino

小提琴

skripka

貝斯

bas-gitara

定音鼓

nagara

鼓

deprek

電子琴

sintezator

薩克斯風

saksafon

長笛

fleýta

麥克風

mikrofon

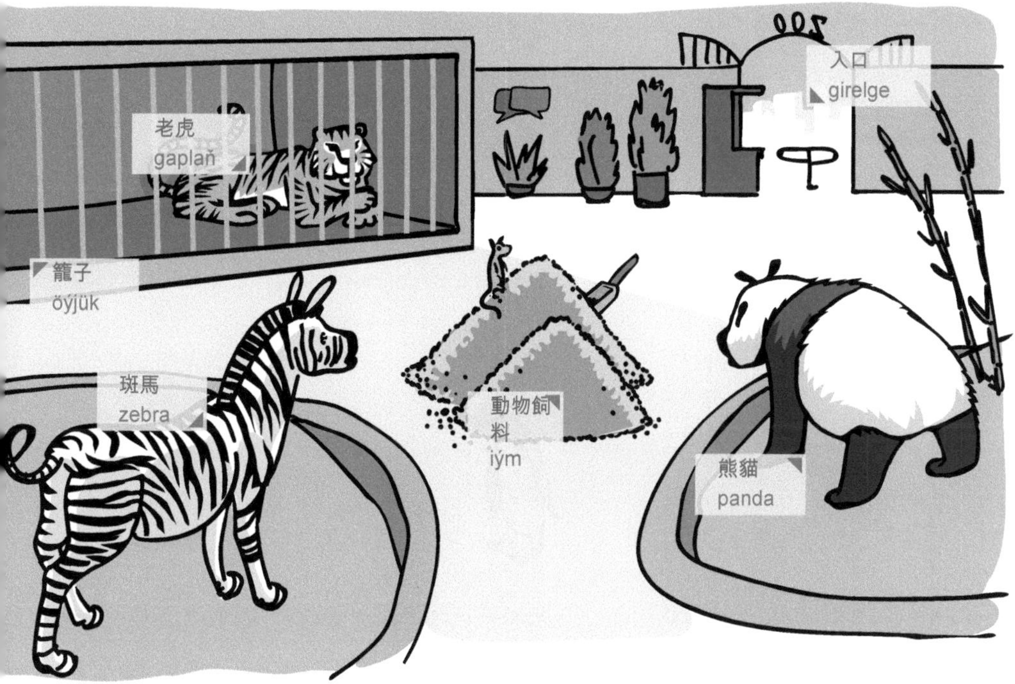

zoo
入口
girelge
老虎
gaplaň
籠子
öýjük
斑馬
zebra
動物飼料
iým
熊貓
panda

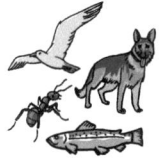

動物
haýwanlar

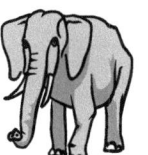

大象
pil

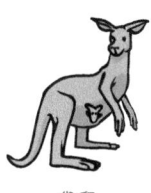

袋鼠
kenguru

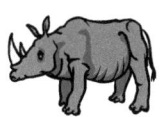

犀牛
nosorog

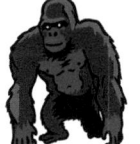

大猩猩
gorilla

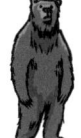

熊
aýy

駱駝

düýe

鴕鳥

düýeguş

獅子

ýolbars

猴子

maýmyn

紅鶴

gyzylinjik

鸚鵡

hindiguş

北極熊

ak aýy

企鵝

pingwin

鯊魚

akula

孔雀

tawus

蛇

ýylan

鱷魚

krokodil

動物園管理員

haýwanat bagynyň
gullukçysy

海豹

düwlen

美洲豹

ýaguar

矮種馬

poni

豹

gaplaň

河馬

begemot

長頸鹿

žiraf

老鷹

bürgüt

野豬

ýekegapan

魚

balyk

龜

pyşbaga

海象

suwpişik

狐狸

tilki

羚羊

jeren

橄欖球
amerikan

騎腳踏車
tigir sürmek

網球
tennis

籃球
basketbol

游泳
ýüzme

拳擊
boks

冰球
hokkeý

美式足球
futbol

羽毛球
badminton

田徑
ýeňil atletika

手球
gandbol

滑雪
lyža sporty

馬球
polo

跳
bökmek

擁抱
gujaklamak

笑
gülmek

走路
gitmek

唱
aýdym aýtmak

做夢
arzuw etmek

祈禱
dilemek

親吻
öpmek

書寫
ýazmak

畫
surat çekmek

展示
görkezmek

推
basmak

給
bermek

拿
almak

有
eýe bolmak

做
etmek

當
bolmak

站
durmak

跑
ylgamak

拉
çekmek

丟
taşlamak

摔倒
gaçmak

躺
ýatmak

等待
garaşmak

攜帶
götermek

坐
oturmak

穿衣
geýmek

睡覺
ýatmak

醒來
oýanmak

看
görmek

哭
aglamak

擊
sypalamak

梳頭
daramak

交談
gürlemek

明白
düşünmek

問
soramak

聽
diňlemek

喝
içmek

吃
iýmek

清理
tertipleşdirmek

愛
söýmek

做飯
taýýarlmak

開車
gitmek

飛
uçmak

航行

ýelkeni ýaýyp gitmek

計算

hasaplamak

讀

okamak

學習

okamak

工作

işlemek

結婚

nikalaşmak

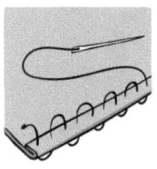

縫

dikmek

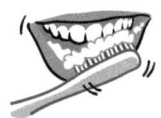

刷牙

dişiňi arassalamak

殺

öldürmek

抽菸

çilim çekmek

寄

ugratmak

祖母
ene

祖父
ata

父親
kaka

母親
eje

嬰兒
bäbek

女兒
gyz

兒子
ogul

客人

myhman

阿姨

daýza

叔叔

daýy

兄弟

aga

姐妹

uýa

身體

ten

前額
maňlaý
眼睛
göz
肩膀
egin
手指
barmak
臉
ýüz
下巴
äň
手
penje
腿
aýak
乳房
döş
手臂
el

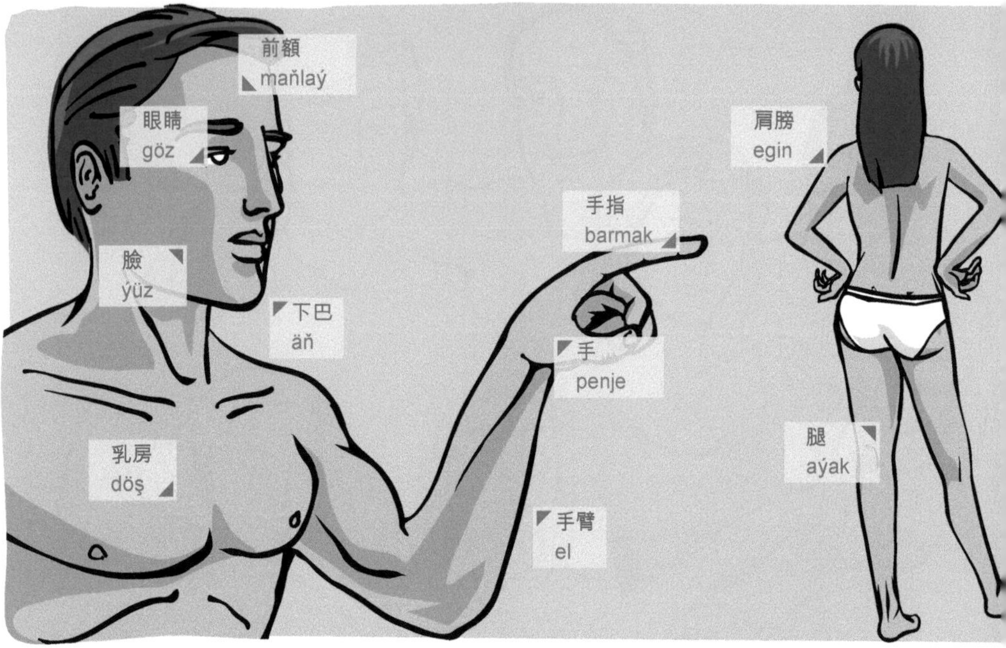

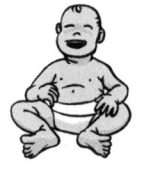

嬰兒

bäbek

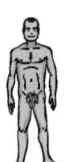

男人

erkek

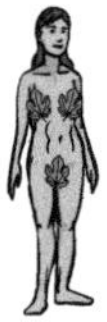

女人

aýal

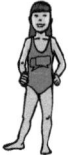

女孩

gyz

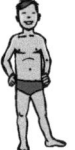

男孩

oglan

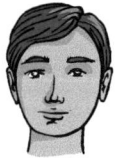

頭

kelle

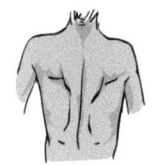

背部
arka

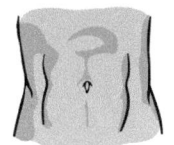

肚子
garyn

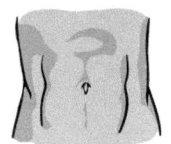

肚臍
göbek

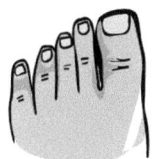

腳趾
aýak barmagy

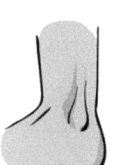

腳後跟
ökje

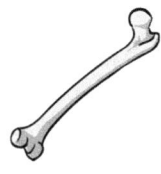

骨頭
süňk

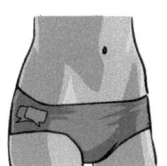

臀部
but

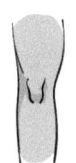

膝蓋
dyz

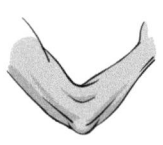

手肘
tirsek

鼻子
burun

屁股
ýanbaş

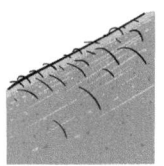

皮膚
deri

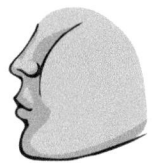

臉頰
ýaňak

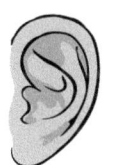

耳朵
gulak

嘴唇
dodak

嘴

agyz

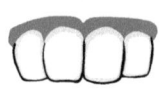

牙齒

diş

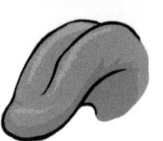

舌頭

dil

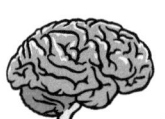

腦

beýni

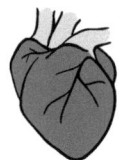

心臟

ýürek

肌肉

myşsa

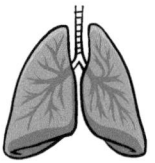

肺

öýken

肝臟

bagyr

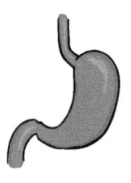

胃

aşgazan

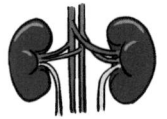

腎臟

böwrek

性交

jyns ýakynlygy

保險套

prezerwatiw

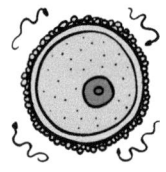

卵子

erkeklik jyns öýjügi

精子

tohumlyk

懷孕

göwrelilik

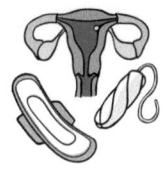

月事

bil açylma

陰道

wagina

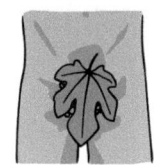

陰莖

erkek jyns agzasy

眉毛

gaş

頭髮

saç

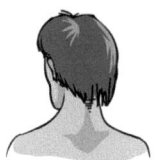

脖子

boýun

醫院
hassahana

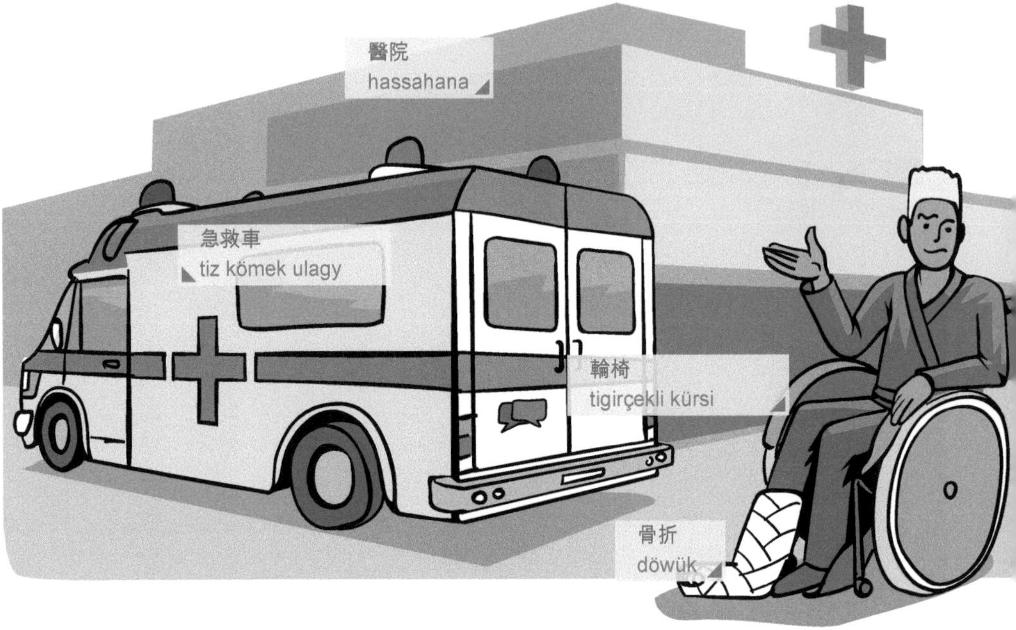

醫院
hassahana
急救車
tiz kömek ulagy
輪椅
tigirçekli kürsi
骨折
döwük

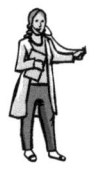

醫師
lukman

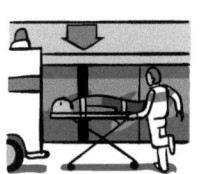

急診室
ilkinji kömek nokady

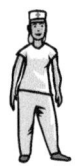

護理師
şepagat uýasy

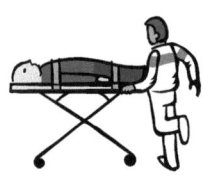

緊急情形
gaýragoýulmasyz ýagdaý

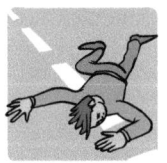

昏迷
özüni bilmän

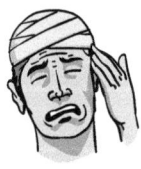

痛
agyry

受傷
zeper ýetme

出血
gan akmasy

心臟病發作
infarkt

中風
insult

過敏
allergiýa

咳嗽
üsgülik

發燒
ýokarlanan temperatura

流感
dümew

腹瀉
içgeçme

頭痛
kelle agyrysy

癌症
rak

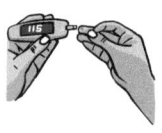

糖尿病
diabet

外科醫師
hirurg

手術刀
skalpel

手術
operasiýa

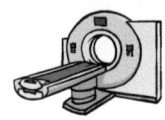

電腦斷層掃描

iýmit siňdirýän ortlaryň jemi

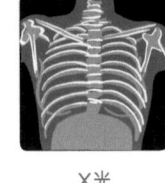

X光

rentgen

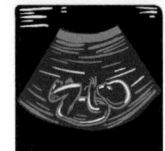

超音波

ultrases

口罩

maska

疾病

kesel

候診室

kabulhana

拐杖

pişek

石膏

plastyr

繃帶

bint

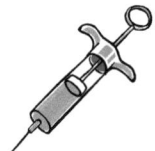

注射

sanjym

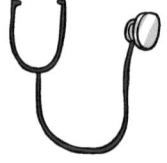

聽診器

stetoskop

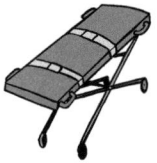

擔架

zemmer

體溫計

termometr

出生

dogluş

超重

artykmaç agram

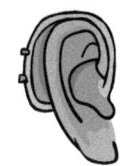

助聽器

eşidiş abzaly

消毒液

zyýansyzlandyryjy serişde

感染

ýokanç

病毒

wirus

愛滋病

WIÇ/ AIDS

藥物

derman

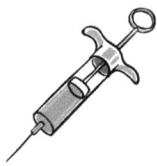

接種疫苗

öňüni alyş sanjymy

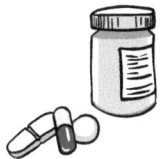

藥片

gerdejikler

藥丸

göwreli bolmakdan goraýan gerdejik

急救電話

ýragoýulmasyz çagyryş

血壓計

gan basyşyny ölçeýji abzal

生病/健康

näsag / sagdyn

救命！

Kömek ediň!

警報

howsala signaly

突擊

çozuş

攻擊

hüjüm

危險

howp

緊急出口

ätiýaçlyk çykalgasy

失火了！

Ýangyn!

滅火器

ot söndürijisi

意外

betbagtçylykly ýagdaý

急救箱

derman gutujygy

呼救訊號

SOS

員警

milisiýa

歐洲

Ýewropa

北美洲

Demirgazyk Amerika

南美洲

Günorta Amerika

非洲

Afrika

亞洲

Aziýa

澳洲

Awstraliýa

大西洋

Atlantika ummany

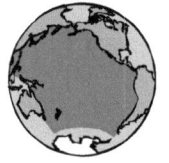

太平洋

Ýuwaş umman

印度洋

Hindi ummany

南冰洋

Antarktika ummany

北冰洋

Demirgazyk Buzly umman

北極

Demirgazyk polýusy

南極

Günorta polýusy

南極洲

Antarktida

地球

zemin

陸地

gury ýer

海

deňiz

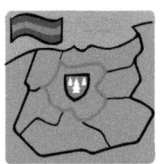

島

ada

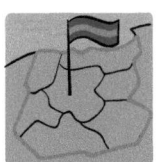

國家

millet

州

döwlet

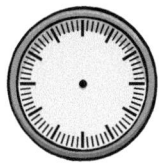

錶盤
siferblat

時針
sagadyň dili

分針
minut görkezýän dil

秒針
sekundy görkezýän dil

現在幾點？
sagat näçe?

天
gün

時間
wagt

現在
häzir

電子錶
elektron sagady

分
minut

時
sagat

週

hepde

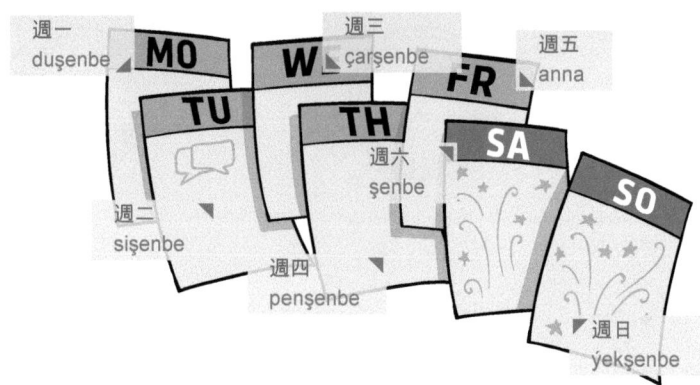

週一 duşenbe
週二 sişenbe
週三 çarşenbe
週四 penşenbe
週五 anna
週六 şenbe
週日 ýekşenbe

昨天

düýn

今天

şu gün

明天

ertir

早晨

säher

中午

günortan

晚上

agşamlyk

工作日

iş günler

週末

dynç günler

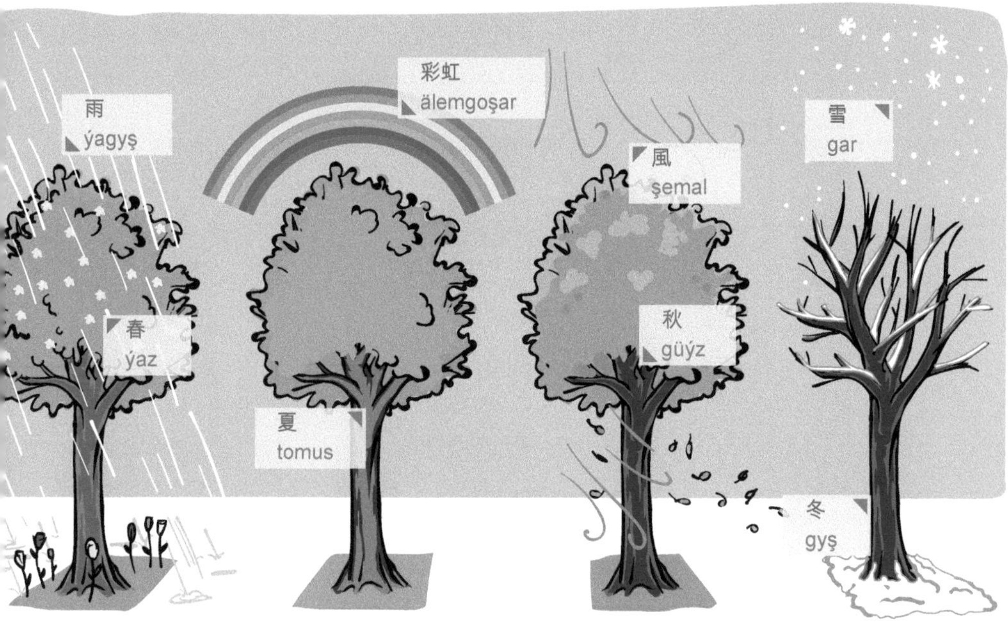

雨
ýagyş
彩虹
älemgoşar
風
şemal
雪
gar
春
ýaz
秋
güýz
夏
tomus
冬
gyş

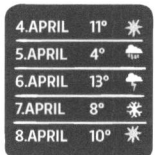

4.APRIL 11°
5.APRIL 4°
6.APRIL 13°
7.APRIL 8°
8.APRIL 10°

天氣預告

howa maglumaty

F C
120 40
90 30
60 20
30 10
0 0
-30 -10
-20

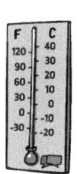

溫度計

termometr

陽光

gün ýagtylygy

雲

gara bulut

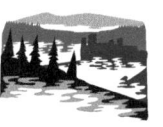

霧

ümür

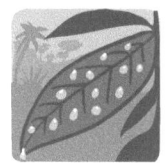

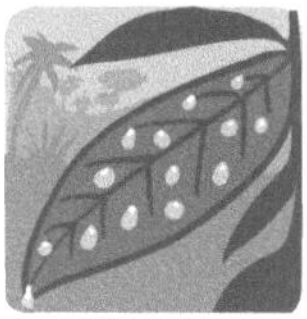

潮濕

howanyň çyglylygy

閃電

ýyldyrym

打雷

gök gümmürdisi

風暴

tupan

冰雹

doly

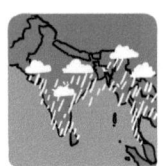

季風

musson

洪水

suw alma

冰

buz

一月

ýanwar

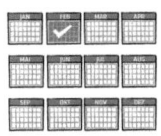

二月

fewral

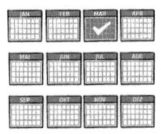

三月

mart

四月

aprel

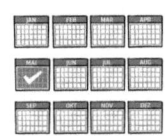

五月

maý

六月

iýun

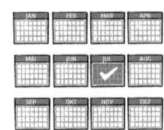

七月

iýul

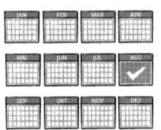

八月

awgust

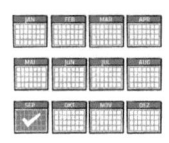

九月

sentýabr

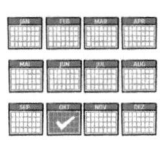

十月

oktýabr

十一月

noýabr

十二月

dekabr

形狀
görnüşler

圓形

tegelek

正方形

kwadrat

長方形

göniburçluk

三角形

üçburçluk

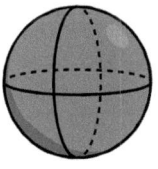

球體

şar

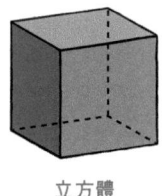

立方體

kub

白

ak

黃

sary

橙

mämişi

粉

gülgüne

紅

gyzyl

紫

liliýa reňkli

藍

gök

綠

ýaşyl

棕

goňur

灰

çal

黑

gara

很多/少許

köp / az

生氣/平靜

gazaply / asuda

美/醜

owadan / betnyşan

首/尾

başy / soňy

大/小

uly / kiçi

明/暗

açyk / garaňky

兄弟/姐妹

glan dogan / gyz dogan

乾淨/骯髒

arassa / hapa

完整/缺失

doly / doly däl

白天/晚上

gündiz / gije

死/生

jansyz / diri

寬/窄

giň / dar

可食用/非食用

iýilýän / iýilmeýän

邪惡/善良

gaharly / dostlukly

興奮/無聊

tolgunly / tukat

胖/瘦

çişik / hor

第一/最後

başda / soňunda

朋友/敵人

dost / duşman

滿/空

doly / boş

硬/軟

berk / ýumşak

重/輕

agyr / ýeňil

餓/渴

açlyk / teşnelik

生病/健康

näsag / sagdyn

非法/合法

bikanun / kanuny

聰明/愚笨

akyly / akmak

左/右

çepde / sagda

近/遠

ýakyn / daş

新/舊

täze / ulanylan

沒有/有些

hiç zat / bir zat

老/幼

garry / ýaş

開/關

ýakylan / söndürilen

打開/闔上

açyk / ýapyk

安靜/吵鬧

ýuwaş / gaty

富/窮

baý / garyp

對/錯

dogry / nädogry

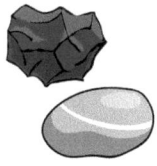

粗糙/光滑

büdür-südür / tekiz

傷心/高興

gamgyly / şatlykly

短/長

gysga / uzyn

慢/快

haýal / tiz

濕/乾

öl / gury

溫暖/涼爽

ýyly / sowuk

戰爭/和平

uruş / parahatçylyk

0

零
....
nul

1

一
....
bir

2

二
....
iki

3

三
....
üç

4

四
....
dört

5

五
....
bäş

6

六
....
alty

7

七
....
ýedi

8

八
....
sekiz

9

九
....
dokuz

10

十
....
on

11

十一
....
on bir

12
十二
on iki

13
十三
on üç

14
十四
on dört

15
十五
on bäş

16
十六
on alty

17
十七
on ýedi

18
十八
on sekiz

19
十九
on dokuz

20
二十
ýigrimi

100
百
ýüz

1.000
千
müň

1.000.000
百萬
million

英語

iňlis

美式英語

amerikan iňlis

普通話

mandarin hytaý

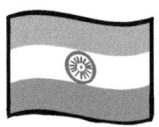

印地語

hindi

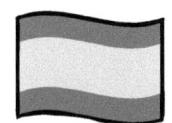

西班牙語

ispan

法語

fransuz

阿拉伯語

arap

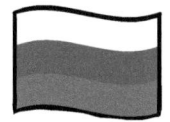

俄語

rus

葡萄牙語

portugal

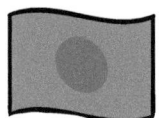

孟加拉語

bengal

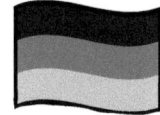

德語

nemes

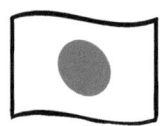

日語

ýapon

我

men

你

sen

他/她/它

ol (oglan) / ol (gyz) / ol (jansyz zat)

我們

biz

你們

siz

他們

olar

誰？

kim?

什麼？

näme?

如何？

nähili?

何處？

nirede?

何時？

haçan?

名字

ady

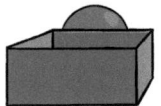

後面

yzynda

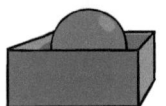

裡面

içinde

前面

öňünde

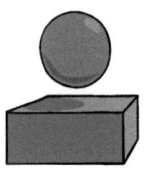

上方

bir zadyň üsti

上面

üstünde

下麵

aşagynda

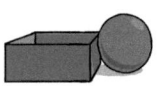

旁邊

ýanynda

中間

arasynda

地點

ýer